AF475284

CASTIGAT
RIDENDO
MORES

LA CIVILITÉ

PUÉRILE ET HONNÊTE

expliquée

PAR

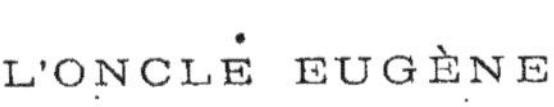

L'ONCLE EUGÈNE

et illustrée

PAR

M. B. DE MONVEL

E. PLON, NOURRIT ET Cie, IMPRIMEURS-ÉDITEURS, RUE GARANCIÈRE, 10, PARIS

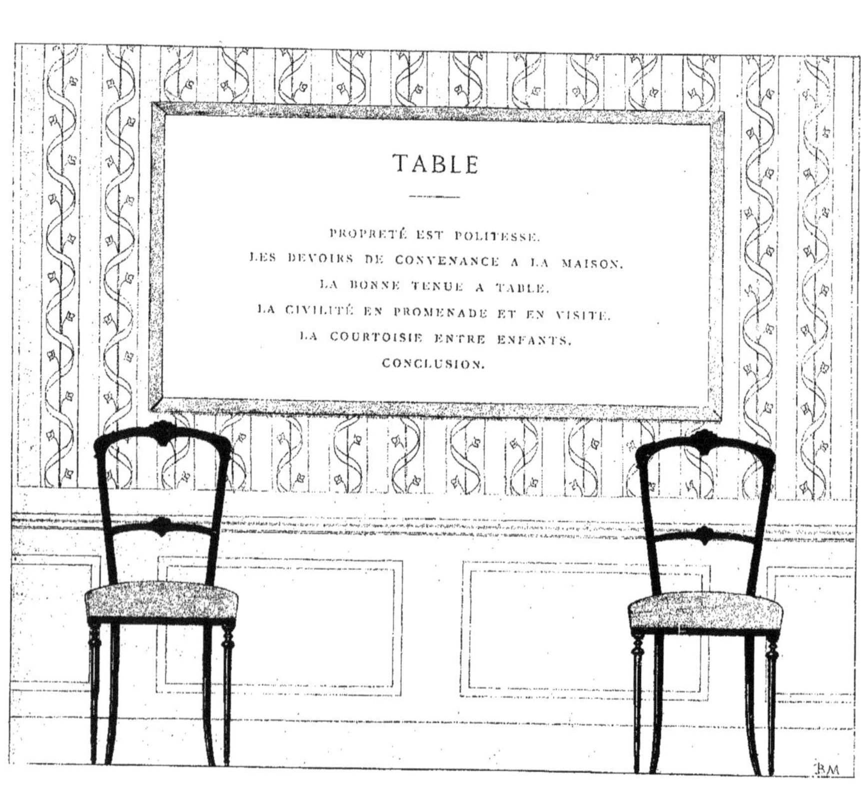
TABLE
PROPRETÉ EST POLITESSE.
LES DEVOIRS DE CONVENANCE A LA MAISON.
LA BONNE TENUE A TABLE.
LA CIVILITÉ EN PROMENADE ET EN VISITE.
LA COURTOISIE ENTRE ENFANTS.
CONCLUSION.
BM

PROPRETÉ EST POLITESSE
B.M.

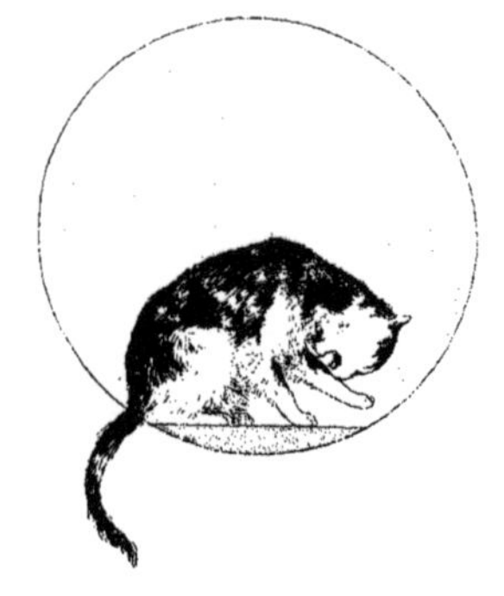

C'est la propreté qui fait reconnaître à première vue un enfant bien élevé. Nous devons donc tout d'abord parler de la propreté.

Quelquefois, en nous promenant dans la campagne, nous rencontrons de pauvres petits, gardeurs de vaches ou gardeurs d'oies, en sabots, ou même pieds nus. Ils ont les cheveux ébouriffés, les mains noires, le nez affreusement sale. Les uns ne sont débarbouillés que le dimanche, les autres ne le sont jamais. Plaignons-les. Leurs parents, les uns négligents, les autres empêchés par leur travail, ne savent pas ou ne peuvent pas s'occuper d'eux.

Pour vous, qui avez le bonheur de posséder de gentilles mamans, des bonnes soigneuses, la civilité exige que vous soyez toujours propres... ou à peu près.

Si cependant un jour il vous arrive, en vous traînant par terre plus que vous ne devriez, de vous noircir les mains, je vous recommande surtout de ne pas aller, comme ce gros bêta de Joseph, les frotter sur les meubles du salon, ni sur les robes des dames. En agissant ainsi vous ne feriez certainement plaisir à personne et vous ne manqueriez pas de vous attirer à vous-même quelque bien fâcheux compliment.

Un jour, le petit Paul, peu obéissant, ayant farfouillé dans le seau au charbon, en sortit ses deux mains plus noires que celles d'un ramoneur.

De peur d'être grondé, il s'empressa de les lécher et de les essuyer aux rideaux blancs de la fenêtre. Belle manière de faire sa toilette! Vous pensez si sa maman s'en est aperçue et si le méchant gamin a été puni.

Le mieux est donc, lorsque vous avez commis quelque maladresse qui vous a sali les mains, d'aller les montrer tout simplement à votre bonne, pour qu'elle y passe vite un peu d'eau

avec une éponge ou une serviette. Tout le monde verra ainsi que vous êtes un enfant soigneux et bien élevé.

De même, chaque fois qu'il vous semble que votre nez ne doit pas être bien propre, ce qui peut arriver souvent quand vous êtes enrhumé, allez tout aussitôt, si vous êtes un tout petit, tendre votre nez mouillé à votre maman ou à la personne qui vous garde : elle vous mouchera sans vous faire de mal. C'est une grosse sottise que celle de ces nigauds qui se sauvent quand on s'approche pour les moucher, ou qui poussent les hauts cris comme si on voulait les écorcher.

Paul, ce jeune étourdi dont nous avons déjà parlé, a la manie de s'essuyer le nez en le frottant sur la manche de sa blouse, comme le ferait un petit paysan. Cela dégoûte tout le monde, et, quand ses parents s'en aperçoivent, ils le mettent en pénitence. Ils ont bien raison.

Une autre très-mauvaise habitude est celle de ces enfants qui enfoncent continuellement leurs doigts dans leur nez. Gardez-vous de pareille chose, et ne prenez pas exemple sur la vilaine Fanny, qui, par sa malpropreté, fait le désespoir de sa maman.

Un enfant un peu grand doit toujours avoir un mouchoir dans sa poche, pour ne pas être obligé d'emprunter celui des autres personnes.

Paul, ayant un jour oublié le sien, fit la sottise de se servir du foulard qui pendait à la poche d'un monsieur, et cela sans même demander aucune permission. Si le garde du jardin avait vu la chose, pour sûr il aurait conduit le mauvais farceur à la prison du poste. Paul fut d'ailleurs bien attrapé, car le monsieur était un priseur, et son foulard était rempli de tabac, de sorte que notre petit drôle en eut le nez tout barbouillé : ce fut sa punition.

LES DEVOIRS DE CONVENANCE
A LA
MAISON

Un enfant bien élevé ne manque jamais, chaque matin, de dire bonjour à son papa et à sa maman, et de les embrasser gentiment sur les joues.

Puis il embrasse ses frères et ses sœurs, et il a rempli ses premiers devoirs de politesse envers sa famille.

Quand, dans la journée, viennent le grand-papa et la grand'-maman, les oncles et les tantes, les cousins et les cousines, les amis les plus intimes, il s'empresse d'aller au-devant d'eux, de leur dire bonjour et de leur donner de bons baisers. Il est certain de faire ainsi grand plaisir à tous.

S'il survient des personnes étrangères ou que l'on voit rarement à la maison, il doit leur dire bonjour poliment; mais, avant de les embrasser, nous lui conseillons d'attendre qu'on lui dise de le faire. Sans doute, il est aimable d'embrasser les personnes de la famille et les amis les plus intimes; mais ce serait se montrer presque indiscret que d'aller tendre ses joues à tout venant.

A ce propos, il nous faut raconter ici la maladresse d'un petit garçon nommé André. Cet enfant, fort hurluberlu, n'alla-t-il pas un jour sauter au cou d'un commissionnaire qui déposait un paquet dans l'antichambre, et l'embrasser tout bêtement!

Le commissionnaire était un brave Auvergnat; il fut fort étonné et dit à l'enfant : « Monchieu est bin honnête. »

Tout le monde a ri de bon cœur de l'étourderie du petit André, et l'on s'est bien moqué de lui.

Quand une dame vient en visite de cérémonie, la petite fille de la maison lui fait une gentille révérence; et lorsque la dame dit : « Bonjour, mademoiselle Jeanne », Jeanne répond aussitôt : « Bonjour, Madame. »

Il y a certaines petites filles un peu sottes qui, au lieu de répondre, se sauvent et vont se cacher sous les meubles; il y en a d'autres qui s'entêtent à ne pas dire bonjour et se mettent à pleurer, ce qui est ridicule.

Il y en a encore qui viennent regarder curieusement par la porte entr'ouverte, en même temps qu'elles chuchotent ou ricanent sans raison, ce qui est fort impoli.

Enfin il y en a qui tournaillent autour des visiteurs, les bousculent en jouant, et crient en courant de manière à fendre la tête à tout le monde, ce qui est absolument insupportable.

Jeanne, au contraire, se conduit tout à fait gentiment quand sa maman reçoit une visite.

Elle approche un petit tabouret pour que la dame y pose ses pieds, ou bien elle lui apporte un écran pour que le feu ne lui brûle pas la figure.

La dame la remercie, et paraît contente de voir une petite fille aussi bien élevée.

A ses jours de réception, la maman de Jeanne offre du thé; Jeanne aide sa maman : elle présente aux dames le sucrier, ou l'assiette aux petits gâteaux.

Quand il vient d'autres enfants, elle prend soin de les faire goûter; elle leur met au cou une petite serviette pour éviter tout accident, et ne manque pas ensuite de leur essuyer les doigts pour qu'ils ne poissent pas leurs vêtements.

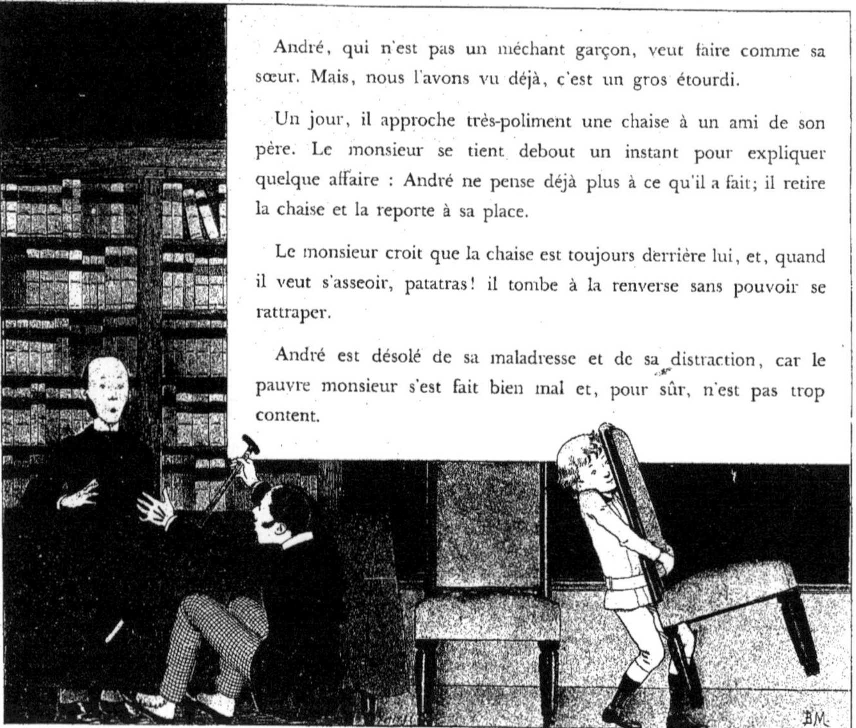

André, qui n'est pas un méchant garçon, veut faire comme sa sœur. Mais, nous l'avons vu déjà, c'est un gros étourdi.

Un jour, il approche très-poliment une chaise à un ami de son père. Le monsieur se tient debout un instant pour expliquer quelque affaire : André ne pense déjà plus à ce qu'il a fait; il retire la chaise et la reporte à sa place.

Le monsieur croit que la chaise est toujours derrière lui, et, quand il veut s'asseoir, patatras! il tombe à la renverse sans pouvoir se rattraper.

André est désolé de sa maladresse et de sa distraction, car le pauvre monsieur s'est fait bien mal et, pour sûr, n'est pas trop content.

Lorsque votre maman possède un petit chien, c'est être bien élevé que de l'empêcher d'aboyer après les visiteurs.

Au contraire, c'est être mal élevé que d'exciter le roquet pour qu'il morde les mollets à toute personne qui entre.

Ne faites donc pas une pareille chose, car on vous prendrait pour un de ces vilains gamins des rues toujours prêts à jouer quelque mauvais tour, qui font « xi, xi! » aux chiens, et les poussent à mordre les jeunes patronnets.

Ces pauvres petits mitrons, tout occupés qu'ils sont à maintenir leur panier sur leur tête, ne savent pas comment se défendre, et c'est fort mal de les tourmenter ainsi. D'autant plus que s'il leur arrive de laisser tomber leur précieux fardeau, qui est-ce qui mange le gâteau ou la tourte? C'est le chien.

Lorsque votre professeur vous donne une leçon, vous devez l'écouter de vos deux oreilles.

Ce ne serait pas vous montrer poli vis-à-vis de lui, que de penser à autre chose qu'à ce qu'il prend tant de peine à vous expliquer; de suivre du regard le vol d'une mouche à laquelle vous avez collé un pain à cacheter; ou encore de courir précipitamment à la fenêtre, parce que vous entendez passer un cavalier au galop.

Vous devez, au contraire, être tout à votre travail, selon l'exemple que nous en donne ce bon petit Pierre; et lors même que, par hasard, la leçon ne vous amuserait pas beaucoup, vous ne devriez jamais pour cela vous mettre à bâiller comme le fait monsieur Paul, à vous détirer, à pousser des soupirs

capables de laisser supposer à votre maître que vous vous ennuyez, car vous risqueriez de lui faire une grave offense.

La leçon finie, vous devez reconduire votre professeur jusqu'à la porte, sans jamais lui dire un mot qui puisse l'amener à croire que vous avez trouvé la leçon trop longue, ou que vous étiez impatient qu'elle fût terminée pour aller jouer aux billes ou à la toupie.

Ce que nous venons de dire s'applique aux jeunes garçons qui travaillent chez leurs parents.

Quant à ceux qui vont déjà à la pension ou au collége, les pensums et les retenues leur ont vite appris ce qu'il n'est pas poli que fasse un écolier; et les élèves bien avisés ne commettent pas deux fois la même faute contre la civilité en classe, car il n'est certes pas agréable d'être privé de sa sortie du dimanche.

2.

Une petite fille comme il faut fait toujours bon visage à sa maîtresse de grammaire, à sa maîtresse de calcul, à sa maîtresse d'anglais ou d'allemand, en un mot, à toutes les dames ou demoiselles qui viennent lui enseigner quelque chose. Elle apprend et répète ses leçons avec docilité et bonne humeur. C'est surtout pendant les leçons de piano qu'elle montre son gentil caractère et sa parfaite éducation. « Allons, mon enfant, dit sa bonne maîtresse, faites attention que c'est la mesure à quatre temps. Comptez bien vous-même : une, deux, trois, quatre. Vos mains bien posées. Allongez vos petits doigts, mais ne les levez pas en l'air comme des cornes de colimaçon. »

Voyez comme cette chère petite Jeanne s'applique. Elle se mettra d'aussi bonne grâce à ses gammes, quoique ce ne soit guère amusant, et, s'il le faut, pour se délier les doigts, elle recommencera la même dix fois de suite.

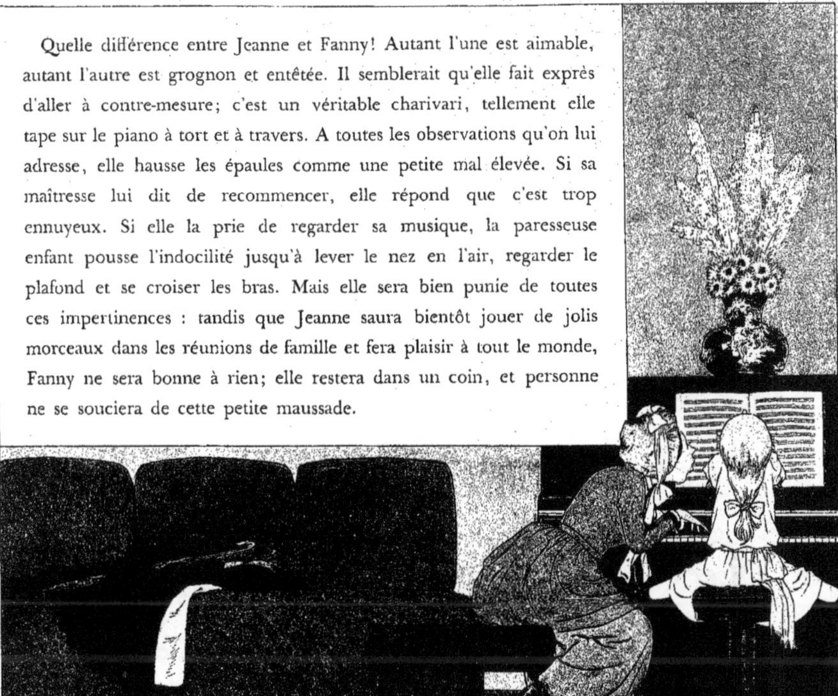

Quelle différence entre Jeanne et Fanny! Autant l'une est aimable, autant l'autre est grognon et entêtée. Il semblerait qu'elle fait exprès d'aller à contre-mesure; c'est un véritable charivari, tellement elle tape sur le piano à tort et à travers. A toutes les observations qu'on lui adresse, elle hausse les épaules comme une petite mal élevée. Si sa maîtresse lui dit de recommencer, elle répond que c'est trop ennuyeux. Si elle la prie de regarder sa musique, la paresseuse enfant pousse l'indocilité jusqu'à lever le nez en l'air, regarder le plafond et se croiser les bras. Mais elle sera bien punie de toutes ces impertinences : tandis que Jeanne saura bientôt jouer de jolis morceaux dans les réunions de famille et fera plaisir à tout le monde, Fanny ne sera bonne à rien; elle restera dans un coin, et personne ne se souciera de cette petite maussade.

Un maître de danse et de maintien viendra aussi enseigner aux petites demoiselles et aux petits messieurs comment il faut se tenir assis convenablement, sans se vautrer sur les fauteuils ; comment on doit marcher d'un pas régulier, les pieds un peu en dehors, et sans les traîner avec nonchalance; comment on salue avec courtoisie : les petites filles, en faisant la révérence; les petits garçons, en inclinant la tête.

« Surtout, mesdemoiselles, tenez-vous droites », dira-t-on aux unes. « Allons, messieurs, un peu moins de roideur ou de brusquerie », ajoutera-t-on pour les autres. Et vos bonnes manières se formeront peu à peu, sous l'œil de vos mamans, jusqu'à ce que vous deveniez des jeunes filles et des jeunes gens accomplis.

LA BONNE TENUE A TABLE

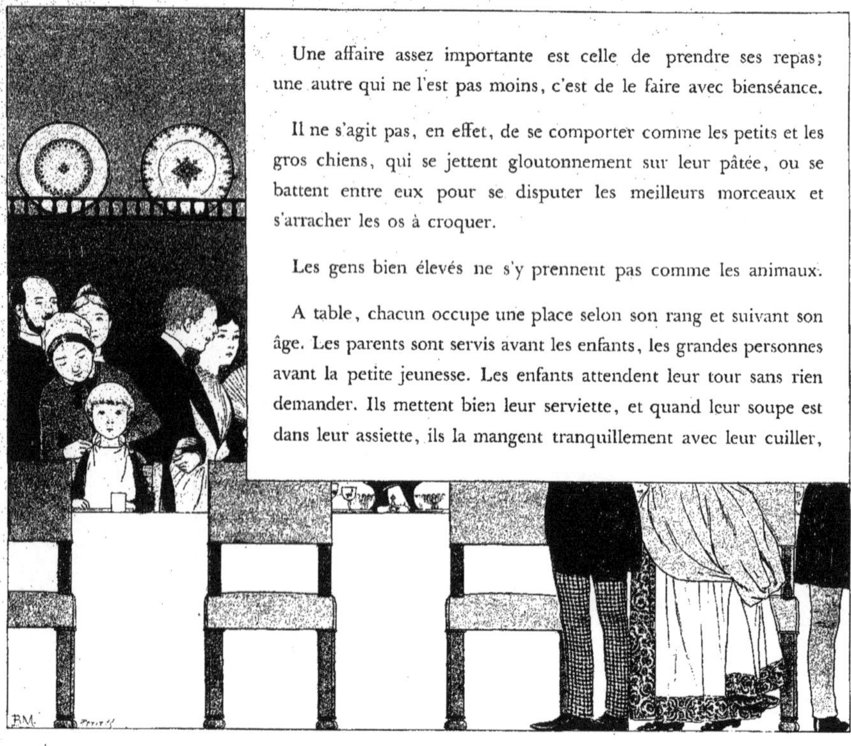

Une affaire assez importante est celle de prendre ses repas; une autre qui ne l'est pas moins, c'est de le faire avec bienséance.

Il ne s'agit pas, en effet, de se comporter comme les petits et les gros chiens, qui se jettent gloutonnement sur leur pâtée, ou se battent entre eux pour se disputer les meilleurs morceaux et s'arracher les os à croquer.

Les gens bien élevés ne s'y prennent pas comme les animaux.

A table, chacun occupe une place selon son rang et suivant son âge. Les parents sont servis avant les enfants, les grandes personnes avant la petite jeunesse. Les enfants attendent leur tour sans rien demander. Ils mettent bien leur serviette, et quand leur soupe est dans leur assiette, ils la mangent tranquillement avec leur cuiller, en prenant garde de ne pas la faire couler sur leur menton, tout du long de leur serviette et sur la nappe, ce qui serait malpropre.

Si votre soupe est trop chaude, soufflez légèrement dessus pour la refroidir, mais ne faites pas comme ces lourdauds, qui soufflent si fort qu'ils éclaboussent leurs voisins et font jaillir le bouillon jusqu'au beau milieu de la table. J'en ai vu d'autres tourner si violemment leur cuiller dans leur assiette, que la soupe débordait tout autour et se répandait comme une inondation sur la nappe. Tout cela doit être évité.

Appliquez-vous surtout à ne pas manger trop vite, et ne cherchez pas à parler quand vous avez la bouche pleine, autrement vous risqueriez de vous étrangler, de tousser et de tout salir autour de vous.

Si vous êtes un peu enrhumé, prenez soin de ne pas éternuer

dans l'assiette de votre voisin, qui n'est pas destinée à recevoir une telle sauce. De préférence, éternuez dans votre mouchoir, ou, si vous êtes surpris, mettez bien vite la main devant votre bouche et votre nez pour éviter une explosion trop fâcheuse.

Quand vous avez mangé ce qu'on vous avait mis dans votre assiette, ne dites pas : « C'est bon, j'en veux encore. » Attendez que vos parents vous en proposent de nouveau.

Un petit garçon qu'on avait oublié de servir et qui ne voulait rien demander, parce qu'il savait que ce n'est pas convenable, eut la bonne idée de prendre quelques grains de sel dans la salière qui se trouvait devant lui et de les mettre dans son assiette.

Son voisin voulut savoir pourquoi il avait pris du sel, n'ayant rien à manger. Il répondit : « C'est pour saler le gigot que papa va me donner tout à l'heure. » Et ainsi, on pensa à servir ce petit garçon très-poli, et cela sans qu'il eût rien demandé.

Lorsque vous avez soif, ne criez pas : « A boire ! » Dites plutôt, sans élever la voix : « Papa, ou Maman, voudriez-vous me donner à boire, s'il vous plaît? » et quand l'un ou l'autre vous en a versé, dites : « Merci, papa », ou : « Merci, maman ».

Pour boire, tenez bien votre timbale ou votre verre.

Ne faites pas comme ces petits distraits qui regardent d'un autre côté et se jettent tout dans l'oreille ou dans le cou, ou qui replacent si mal leur verre sur la table qu'ils répandent l'eau rougie en cascade sur la nappe.

Si une mouche se pose sur votre tête et vous cause une légère démangeaison, vous ne devez, sous aucun prétexte, vous gratter avec votre fourchette. Elle n'est point faite pour cet usage, mais bien pour vous permettre de manger votre viande et vos légumes, que vous ne devez jamais prendre à poigne-main pour les mettre dans votre bouche, comme font les sauvages de l'Afrique et de l'Océanie.

Ne soyez pas bruyants; laissez causer tranquillement les grandes personnes.

Ne les interrompez pas à tout instant en jouant au cerceau avec les ronds de serviettes, en sifflant des airs, en vous remuant sur votre chaise.

En attendant qu'on vous serve, ne vous accoudez pas sur la table, ne vous étendez pas sur la nappe, comme si vous vouliez vous endormir sur un lit.

Toutes ces habitudes sont d'un enfant très-mal élevé.

Ne quittez jamais la table que dans des circonstances impérieuses et légitimes. Si vous sentez que cela est indispensable, éloignez-vous à temps, et, par discrétion, évitez, autant que possible, de faire remarquer votre brusque départ.

On ne mord pas dans son pain; on le casse en petits morceaux, que l'on mange en même temps que la viande ou les légumes.

On se sert aussi de son pain pour pousser la viande et les légumes contre la fourchette et pour prendre les sauces.

Il n'est pas mal de saucer un peu son assiette; mais il n'est pas bien d'en lécher le fond, sous prétexte de « ne pas perdre la bonne sauce ».

Il faut bien vous garder de lancer des boulettes de mie de pain à votre petit cousin qui est de l'autre côté de la table. Vous risqueriez de les envoyer dans les plats, ou même, sans le vouloir, sur le nez d'un monsieur ou d'une dame, ce qui serait une très-grande impolitesse.

Un enfant qui, sans attendre qu'on fasse passer le dessert, se lèverait sur sa chaise, tendrait le bras et s'emparerait lui-même d'un gâteau ou d'un fruit dont il a envie, serait aussitôt mis à la porte, car il aurait fait là quelque chose de tout à fait inconvenant.

Si l'on sert une bonne crème au café ou au chocolat et qu'on vous demande si vous en désirez, ne dites pas : « Oui, j'en veux beaucoup, j'en veux trop », ce qui vous ferait passer pour un gros gourmand. Répondez : « Oui, monsieur », ou : « Oui, madame, j'en voudrais bien un peu. » Et l'on verra tout de suite que vous êtes un enfant comme il faut.

Ce sont des gamins bien peu convenables, ceux qui, au goûter, lèchent le dessus de leurs tartines de confitures, s'en barbouillent le nez, les joues, les

mains et les vêtements. Leur gourmandise est bête, et ils en sont punis : la confiture toute seule est trop sucrée, et il ne leur reste plus, après qu'ils l'ont léchée, que le pain sec et la honte de leur malpropreté.

Nous en citerons un exemple :

Louise, Maurice et leur petit frère Henri étaient à la campagne, chez leur grand'maman. On leur avait promis de les régaler, à leur goûter, avec une excellente confiture d'abricots qu'ils avaient vu cuire, le matin, dans la grande bassine de la bonne Gertrude. Sans attendre l'heure, nos trois petits gourmands vont si bien tourmenter Gertrude, que chacun obtient d'elle une superbe tartine. Les voilà bien contents, mais, à vrai dire, ils n'ont guère faim encore, et c'est la confiture seule qui les tente. Louise alors donne le mauvais exemple, en passant la langue sur sa tartine. — Fi, la vilaine gourmande!

Maurice imite aussitôt sa sœur.

Naturellement, Henri ne manque pas de faire comme font les plus grands.

Naturellement aussi, la confiture a bientôt disparu des trois tartines.

Maintenant, mangeront-ils le pain tout seul? Ils n'en ont pas trop envie, mais ils ne savent qu'en faire.

Louise et Maurice ont l'idée saugrenue d'offrir au petit Henri de manger leur part, tandis qu'il a déjà trop de la sienne. Henri fait une mine dégoûtée, et il a raison. Ce sont Louise et Maurice qui ont tort, car il est impoli, on pourrait dire grossier, d'offrir à un camarade, lors même que c'est un petit frère, une tartine que l'on a léchée.

LA CIVILITÉ

EN PROMENADE ET EN VISITE

Une petite fille bien élevée, quand elle sort avec sa maman, lui donne la main ou marche gentiment auprès d'elle.

Si vous voyez une petite fille rester en arrière, s'arrêter toute seule pour regarder les boutiques, puis courir pour rejoindre sa maman ou sa bonne, vous direz tout de suite qu'elle n'a pas la tenue d'une enfant comme il faut.

A la promenade, Pierre lève poliment sa casquette, comme le doit faire un garçon de son âge, pour saluer les personnes de sa connaissance.

Paul, qui ne manque pas une occasion de se donner l'air d'un paillasse, fait un pied de nez à ses cousins quand il les rencontre. Il n'y gagne rien : car, en raison de toutes ses sottises de ce genre, on le considère comme un pantin sans cervelle, tandis que l'on estime Pierre.

Quand Jeanne est en voiture et qu'elle voit passer une de ses amies, elle sourit et lui fait un petit signe amical de la main pour lui dire bonjour.

Cela est fort gentil, et son air aimable satisfait tout le monde.

Jeanne a une jeune cousine nommée Berthe, qui, sur ce point, agit tout autrement.

Berthe est une espiègle, mais elle passe les bornes de la plaisanterie permise. A ceux qu'elle rencontre elle fait une vilaine grimace ou elle leur tire la langue, parce qu'elle croit qu'on en rira. Mais elle se trompe fort, et tout le monde s'accorde à la trouver vraiment bien malhonnête.

Dehors, comme à la maison, si vous voulez nous en croire, jeunes enfants, vous éviterez de déchirer les robes des dames, car on a remarqué que, le plus souvent, cela les contrarie.

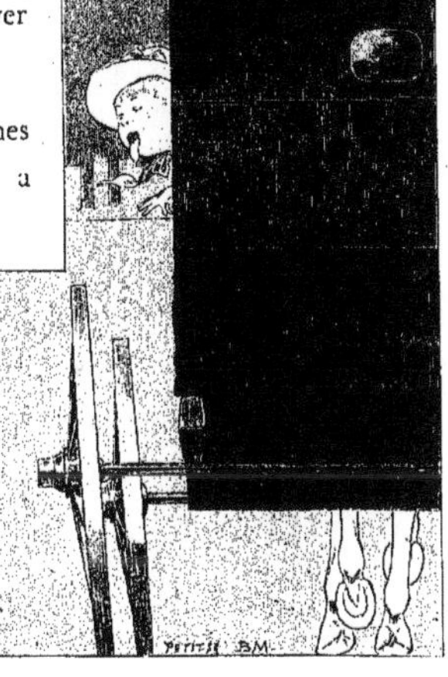

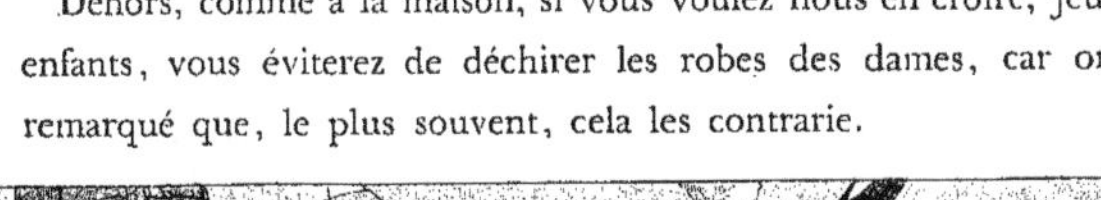

Ayez grand soin aussi de ne pas marcher sur les pieds des personnes; vous risqueriez de les blesser.

Si accidentellement cela vous arrive, hâtez-vous de demander pardon. Ne faites pas comme un petit garçon qui, au lieu de présenter ses excuses, dit au monsieur fâché : « C'est donc à vous tous ces pieds-là! »

Ne marchez pas non plus sur les pattes des gros chiens; ils pourraient vous mordre le nez; ni sur celles des petits chiens, parce que cela causerait par trop de chagrin à leurs bonnes maîtresses.

Quand Pierre et Paul vont faire une visite avec leur papa, Pierre marche avec attention, s'il fait un peu crotté, tandis que Paul semble prendre plaisir à mettre ses pieds dans les flaques d'eau Aussi

Pierre arrive propre comme s'il sortait d'une boîte, tandis que son frère a l'air d'un affreux barbet.

Pierre laisse passer devant lui les grandes personnes. Paul se précipite en avant comme un étourneau, se jette tête baissée dans les jambes de tout le monde, et risque, à chaque instant, de faire tomber quelqu'un.

C'est l'exemple de Pierre qu'il faut suivre.

Lorsque Jeanne accompagne sa maman dans ses visites, elle conserve toujours sa bonne tenue; aussi toutes les dames sont contentes de la recevoir. Dans le salon, elle s'assied sur un pouf ou un petit coussin, ne touche à rien, prend le bonbon ou le petit gâteau qu'on lui offre et dit merci, n'en demande pas d'autres, et fait toutes choses avec convenance. Sa maman a tout plaisir à l'emmener, car elle n'en reçoit que des compliments.

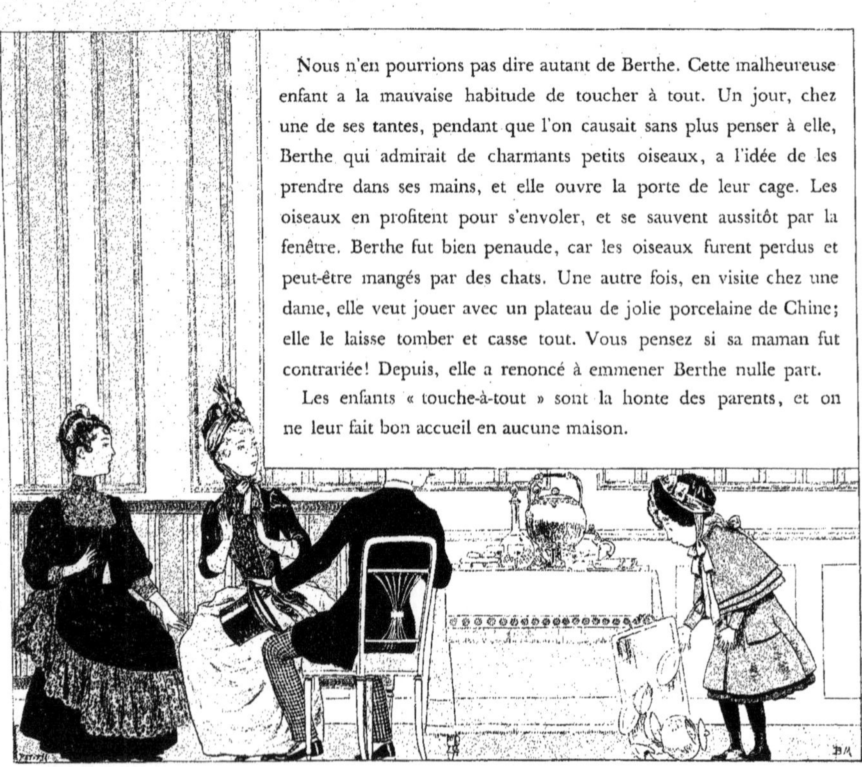

Nous n'en pourrions pas dire autant de Berthe. Cette malheureuse enfant a la mauvaise habitude de toucher à tout. Un jour, chez une de ses tantes, pendant que l'on causait sans plus penser à elle, Berthe qui admirait de charmants petits oiseaux, a l'idée de les prendre dans ses mains, et elle ouvre la porte de leur cage. Les oiseaux en profitent pour s'envoler, et se sauvent aussitôt par la fenêtre. Berthe fut bien penaude, car les oiseaux furent perdus et peut-être mangés par des chats. Une autre fois, en visite chez une dame, elle veut jouer avec un plateau de jolie porcelaine de Chine; elle le laisse tomber et casse tout. Vous pensez si sa maman fut contrariée! Depuis, elle a renoncé à emmener Berthe nulle part.

Les enfants « touche-à-tout » sont la honte des parents, et on ne leur fait bon accueil en aucune maison.

LA COURTOISIE ENTRE ENFANTS

Il ne suffit pas que les enfants soient polis avec les grandes personnes. Ils doivent encore être polis entre eux.

Quand une petite amie vient vous voir, vous ne devez pas faire la maussade, refuser de jouer avec elle et vous retirer dans un coin avec votre poupée. Parlez-lui, au contraire, avec un air content; proposez-lui la première de jouer avec elle; mettez-lui votre poupée dans les bras, en lui recommandant de prendre bien soin de cette chère petite. Montrez-lui son lit à grands rideaux, puis ses robes, ses souliers, ses

bonnets, ses chapeaux, tout cela serré dans ses petits meubles. Votre amie s'amusera beaucoup, et, quand vous irez la voir, elle sera à son tour aimable avec vous. C'est comme cela que doivent, en effet, se recevoir deux petites filles de bonne compagnie.

Rien de plus laid, au contraire, que celles qui se querellent, se fâchent, s'arrachent leurs poupées des mains.

« — Mademoiselle, c'est maintenant mon tour », dit l'une.

« — Non, mademoiselle, je ne veux pas vous la rendre », dit l'autre, « parce que vous êtes une méchante. »

« — Pas du tout, mademoiselle, c'est vous qui avez commencé. »

Un peu plus, elles se battraient à coups d'ongles comme ces vilains chats de gouttières. Leurs frères sont obligés de les séparer, et leurs mamans sont désolées d'avoir de pareilles enfants.

Un jour, au bord de la mer, de bons petits garçons avaient, avec beaucoup de patience, creusé un port dans le sable, puis élevé une digue et un môle.

Le gros Hector survint, et, abusant de ce qu'il était plus grand et plus fort que tous les autres, il s'empara de force de leur travail. Son action était lâche et grossière, et il en fut bientôt puni.

Un grand frère de ceux qui avaient été maltraités, ayant vu la chose, vint prendre Hector au cou, lui enfonça la tête dans le canal du petit port, et lui fit ainsi avaler une bonne lampée d'eau de mer. Sans compter que le mauvais garçon se releva avec la figure toute pleine de sable mouillé.

Bonne leçon de politesse pour ceux qui sont tentés d'abuser de leur force contre les faibles !

Il n'est pas convenable de prétendre garder toujours pour soi-même le meilleur rôle dans tous les jeux : être le cocher quand on joue aux chevaux, l'officier quand on joue aux soldats.

Il est fort bien au contraire de céder un peu la place aux autres, afin que chacun puisse avoir son tour et en être satisfait.

C'est dans une excellente pensée que ce bon Pierre, quand il joue à courir avec de plus petits que lui, ne manque pas de se laisser atteindre quelquefois par eux, ce qui les rend tout fiers d'avoir pu attraper un grand. Et il est content lui-même de les avoir rendus si heureux.

Quand, après le dîner, vos parents ont la bonté de vous faire jouer aux cartes ou aux dominos, il ne faut pas vous mettre niaisement à pleurer si vous perdez, ni surtout vous fâcher contre vos petits camarades ou vos petites amies qui se trouveraient avoir plus de chance que vous. Jeter les cartes au nez de ses adversaires et se mettre en colère jusqu'à renverser la table à jeu, ce sont là des actions tout à fait blâmables et indignes d'enfants comme il faut.

Mais, d'autre part, si vous gagnez, il ne faut pas non plus vous moquer méchamment de ceux qui perdent et les taquiner, en leur faisant « ratisse, ratisse ! » car vous risqueriez de les chagriner.

En un mot, la politesse au jeu consiste à rester toujours aimable avec les autres et à montrer un bon caractère, aussi bien lorsque l'on perd que lorsque l'on gagne.

Si l'on vous fait danser une ronde, un galop ou une polka, il ne faut pas vous lancer comme de petits fous, au risque de renverser les chaises, la table avec la lampe, de vous culbuter les uns par-dessus les autres, et d'aller même vous jeter la tête la première dans la cheminée. Tout cela

pourrait amener de graves accidents, et puis, ce n'est pas la bonne manière de se comporter dans un salon.

Quand un petit garçon danse avec sa petite sœur ou sa petite cousine, il ne doit pas la prendre brusquement, ni la bousculer.

Il faut, en toutes choses, que les petits garçons, qui seront un jour des hommes, s'habituent de bonne heure à être polis et bien élevés avec les petites demoiselles, qui seront plus tard des dames.

Par la même raison, les petites demoiselles doivent songer qu'elles sont destinées, en effet, à devenir des dames, et qu'il ne convient pas, par conséquent, qu'elles prennent jamais les vilaines manières des garçons mauvais sujets.

CONCLUSION

En attendant, chers enfants, que vous deveniez tous de grandes jeunes filles très-bien élevées, ou des jeunes gens très comme il faut, — ce qui ne peut manquer si vous avez écouté nos conseils, et surtout si vous suivez bien les enseignements de vos parents, — il vous reste encore à accomplir un devoir de politesse pour finir votre journée.

Le soir, quand arrivent neuf heures, les jeunes yeux semblent vouloir se fermer de force, en même temps que les jeunes bouches s'ouvrent d'elles-mêmes... et cela, non pour chanter. C'est l'heure d'aller se coucher. Et cependant, je ne sais pourquoi, nombre d'enfants ne le veulent pas : ils grognent, ils pleurnichent, ils demandent à rester encore cinq minutes. Ces manières-là sont fort ennuyeuses pour leur famille.

Un enfant bien élevé, au contraire, dès qu'on lui dit qu'il est l'heure, se lève et s'empresse de dire bonsoir à tous les siens.

Bien plus gentil que les vilains grognons et les affreux pleurnicheurs, il est aussi plus heureux. En toutes choses il a fait plaisir à ses parents. De bonne humeur il s'est levé le matin; en souriant il est allé se coucher le soir.

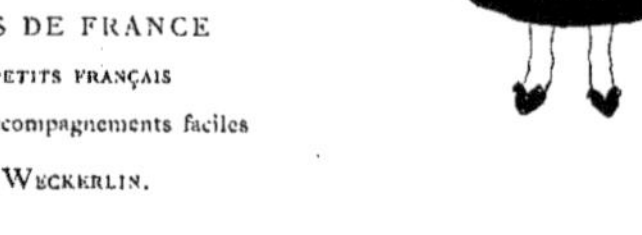

PARIS. TYPOGRAPHIE DE E. PLON, NOURRIT ET Cie, RUE GARANCIÈRE, 8.

ENCRES DE LA MAISON CH. LORILLEUX ET Cie.

www.ingramcontent.com/pod-product-compliance
Ingram Content Group UK Ltd.
Pitfield, Milton Keynes, MK11 3LW, UK
UKHW021024200726
13857UKWH00004B/1570